SOMMETS

42 Conseils de carrière

Patrick D. Grahouan

Copyright © 2021 Patrick Donald Grahouan
Tous droits réservés.
2eme Edition Avril 2021

ISBN: 9798596729740
Imprint: Independently published

Table des Matières

Table des Matières iii

Dédicace et remerciements vi

A PROPOS DE L'AUTEUR vii

CE RECUEIL EST A VOUS viii

Introduction 9

Chapitre 1 SURVIVRE DANS LA JUNGLE DES MULTINATIONALES 10

Chapitre 2 TRAVAILLER POUR VIVRE OU VIVRE POUR TRAVAILLER 12

Chapitre 3 ACCÉLÉRATION GRAVITATIONNELLE 13

Chapitre 4 SOMMETS 14

Chapitre 5 ALERTE ASTÉROÏDE 15

Chapitre 6 LES COURAGES 16

Chapitre 7 VOTRE PROPRE REPAS 17

Chapitre 8 LE BRUIT DU SILENCE 18

Chapitre 9 ECOUTEZ ! 19

Chapitre 10 GRAND THÉÂTRE DU BUSINESS 20

Chapitre 11 LE CARNET DES COMPÉTENCES 21

Chapitre 12 LEO PANTHERA 22

Chapitre 13 LE SANDWICH 23

Chapitre 14 LE LOUP ET LA MEUTE 24

Chapitre 15 HYPER COMPÉTENCES 25

Chapitre 16 FAIRE ALLÉGEANCE 26

Chapitre 17 VISIBILITÉ 27

Chapitre 18 QUATRE LEÇONS DE VACANCES 28

Chapitre 19 LE POINT DE FUSION 29

Chapitre 20 ET POURQUOI PAS LE DEEP LEARNING ? 30

Chapitre 21 UNACORDA, SOURDINE OU FORTE 31

Chapitre 22 LES QUATRE FANTASTIQUES 32

Chapitre 23 LE SOMMET DE L'HIMALAYA 33

Chapitre 24 LES CRABES FARCIS 34

Chapitre 25 LA FORMULE DU SUCCÈS 35

Chapitre 26 LES AILES DE L'EAU 36

Chapitre 27 L'AUBE 37

Chapitre 28 TROUVEZ NEPTUNE 38

Chapitre 29 DITES MERCI À LA LUNE 39

Chapitre 30 CARTON 40

Chapitre 31 ASYMÉTRIE 41

Chapitre 32 LE DOUTE 42

Chapitre 33 LE PLUS IMPORTANT DES SOFT SKILLS 43

Chapitre 34 LETTRE OUVERTE À MADAME LA VIE 44

Chapitre 35 LE MULTIVERS 45

Chapitre 36 L'IMPOSSIBLE EXISTE DÉJÀ 46

Chapitre 37 LA TASSE PROFESSIONNELLE 48

Chapitre 38 VINGT SECONDES.. 50

Chapitre 39 L'IDÉAL... 52

Chapitre 40 LA GRANDE MURAILLE DE CHINE 53

Chapitre 41 L'ORFÈVRE.. 54

Chapitre 42 LAISSEZ-LES RESPIRER 55

Dédicace et remerciements

A feu mes parents Michel et Adélaïde Grahouan, qui m'ont fait don de leur curiosité,

A Aby, mon épouse qui m'a permis de poursuivre ma passion.

A toutes ces personnes qui ont contribué à cet ouvrage par leurs conseils et leur précieux temps investi dans la relecture de mes notes.

A vous tous qui avez mis un "like" ou un commentaire sous un de mes posts.

A PROPOS DE L'AUTEUR

Patrick D. Grahouan (PDG), est Juriste international, expatrié à Londres. Il est expert en négociation, serial entrepreneur et International speaker.

Son travail sur la carrière professionnelle est appliqué avec succès par des professionnels sur tous les continents. Il est également Conférencier à l'Université de Birmingham en Angleterre.

Ses deux décennies de carrière professionnelle l'ont conduit de l'Afrique à l'Europe en passant par l'Asie. Il commence comme stagiaire dans une société d'État en Côte d'Ivoire. Il sera ensuite, successivement chez le Groupe Unilever, Le cabinet international EY. Présentement il est en fonction chez le leader pharmaceutique GlaxoSmithKline. Il a également une expérience avérée de Directeur General dans l'import-export.

Connectez-vous à lui sur LinkedIn pour partager son univers sur l'intelligence professionnelle.

CE RECUEIL EST A VOUS

J'ai puisé dans la sagesse de la nature, dans les mathématiques ou encore dans le simple mouvement des passants pour illustrer les vérités qui vont suivre.

Ce livre est destiné à forger votre façon de penser. Chaque histoire est la plus concise possible.

Ma lutte est que chacun comprenne la liberté d'augmenter son intelligence professionnelle. Ce que vous vous apprêtez à lire va briser les barrières entre disciplines afin de stimuler votre réflexion professionnelle.

Le succès professionnel a ses lois que quiconque veut réussir doit comprendre et respecter. Autrement, vous vous perdrez en chemin et votre carrière stagnera comme celle de près de 95% des professionnels ou pire, vous tomberez sans savoir pourquoi lorsque vous aurez atteint les sommets comme ces CEO emportés par des scandales.

Introduction

Ceux qui réussissent professionnellement sont ceux qui comprennent la sagesse du monde de l'Entreprise.

J'ai, pendant 20 ans, observé cet univers professionnel, en ce qu'il a de meilleur et de pire. De l'Afrique à l'Asie et aujourd'hui en Europe, les lois de la sagesse qui gouvernent le succès professionnel sont partout les mêmes. Je pratique et enseigne « cette sagesse ». Son application m'a permis d'obtenir de nombreuses promotions y compris trois (3) postes de Directeur Général/Country Manager et, aujourd'hui une expatriation à Londres pour couvrir plus de 60 pays sur 3 continents.

Ce recueil est une collection d'histoires et d'allégories qui vont vous indiquer le chemin. Tout professionnel peut atteindre les sommets qu'il se fixe s'il sait emprunter les routes dédiées.

Pour chacun de ces conseils, j'ai essayé de trouver une situation de vie ou une loi physique ou mathématique pour en faciliter la mémorisation. Ils sont rapides à lire mais profonds à digérer. Vous pouvez les lire dans n'importe quel ordre.

Chapitre 1 SURVIVRE DANS LA JUNGLE DES MULTINATIONALES

La place la plus inadaptée qui soit pour l'homo sapiens est bien derrière un ordinateur au sein d'une multinationale. Cette forêt de politiques, ces langages aussi codés que diversifiés, le risque permanent de croiser le chemin d'un prédateur sans foi ni loi. Les rivières d'emails et les cascades de responsabilités. Comment donc survivre dans un tel environnement ? Mieux, comment se frayer un chemin dans cette épaisse forêt ? Et surtout comment devenir le roi de la jungle ? Qui mieux que la fiction de Mowgli pour nous apprendre à survivre dans la Jungle ?

Leçon 1 - Appartenez à un groupe

Vous pourrez difficilement survivre en solitaire dans la jungle. Vous devez vous intégrer à un groupe. Mowgli a été élevé par des loups et tout au long de ses péripéties, il a bénéficié de leur protection et il leur a offert la sienne. Ne commettez pas l'erreur de penser que vous pourriez y arriver tout seul. Trouvez un groupe que vous êtes prêt à aider et dont vous pourrez gagner la confiance, le respect et si possible l'affection. Cela commence par vos équipes, vos collègues et vos managers. Ils constituent votre première tribu, le groupe indispensable pour votre survie. L'esprit d'équipe est essentiel et vital.

Leçon 2. - Soyez compétent et ingénieux

Dans la jungle, il faut être capable de survivre, de lutter, de s'échapper, de trouver. Il en est de même dans la jungle des multinationales. Le sommet est disponible pour les personnes compétentes et ingénieuses. Si vous êtes vendeur, assurez-vous d'être le plus compétent des vendeurs. Ne cessez jamais d'apprendre. Prenez très au sérieux les opportunités de formations disponibles au sein de votre Groupe. Celui qui cesse d'apprendre s'expose à être dépassé. L'ingéniosité consiste simplement à savoir choisir entre fuir et combattre. Il faut savoir choisir les dossiers à prendre et ceux à laisser à d'autres. Soyez conscient de vos forces et de ce qui est important et prioritaire.

Leçon 3. - Connaissez la loi de la jungle

Beaucoup commettent l'erreur de ne pas apprendre la loi de la jungle et ils pensent à tort qu'il s'agit de la loi du plus fort. Ils deviennent donc autocratiques, ils veulent être vus à tout prix etc. La loi de la jungle, la vraie, est la loi de l'équilibre. Celui qui comprend la loi de l'équilibre pourra survivre.

En multinationale, il vous faut comprendre l'importance de l'équilibre. Ce que vous faites impacte l'activité d'autrui et si vous savez faire en sorte que vos actions ne déséquilibrent pas le système alors vous vous ferez des alliés au-delà de votre clan. Par exemple, si vous êtes juriste, la vitesse à laquelle vous rédigez le contrat déterminera les ventes que le commercial pourra faire. Pensez à l'ensemble pas uniquement à votre confort.

Suivez ces lois, et vous survivrez dans la jungle multinationale et qui sait, si vous ne serez pas le prochain roi de la jungle ?

"La loi de la jungle, la vraie, est la loi de l'équilibre. Celui qui la comprend survivra."

Chapitre 2 TRAVAILLER POUR VIVRE OU VIVRE POUR TRAVAILLER

Il y a ceux qui travaillent pour vivre. Une distinction claire dans leur esprit : le travail à part et la vie à part. Mais ils oublient que le travail occupe les plus belles heures de leur vie.

Ensuite, ceux qui vivent pour travailler. Le lieu du travail est leur arène ; là où ils se sentent vivants. Ils oublient que le travail est temporaire. Ils négligent de vivre.

Entre les deux, il y a ceux qui ont accepté que le travail fasse partie intégrante de la vie. Ils se disent qu'il faut en tirer le meilleur et donner le meilleur comme on l'aurait fait avec ses proches. Et tant pis, s'il y a des hauts et des bas, ils ne blâment pas les autres mais se remettent en cause, comprennent que tout n'est pas toujours rose sauf si l'on change la couleur de ses propres lunettes.

Souvenez-vous que le travail fait partie intégrante de la vraie vie. Alors n'oubliez pas de vivre pendant le travail : Soyez vous !

"Souvenez-vous que le travail fait partie intégrante de la vraie vie. Alors n'oubliez pas de vivre pendant le travail"

Chapitre 3 ACCÉLÉRATION GRAVITATIONNELLE

Pour envoyer un objet très loin dans l'univers, on ne peut pas seulement compter sur ses moteurs. Sur le chemin, on fait en sorte que l'objet entre dans le champ de gravité d'une planète qui en l'attirant va lui communiquer de la vitesse supplémentaire.

On parle d'accélération gravitationnelle.

Si vous voulez que votre carrière aille le plus loin possible, rapprochez- vous de ceux qui ont une grande expérience. Écoutez leurs conseils, lisez leurs ouvrages, copiez leurs bonnes habitudes. Vous économiserez de l'énergie et accélérerez votre carrière.

Trouvez-vous des mentors, des coachs, des modèles pour accélérer votre développement professionnel. Faites cependant attention à ne pas être piégé par leur trop fort aura, sinon vous ne pourrez plus continuer votre chemin.

Copiez/écoutez les suffisamment mais avec intelligence pour ne pas perdre votre trajectoire unique de carrière.

"Écoutez leurs conseils, lisez leurs ouvrages, copiez leurs bonnes habitudes. Vous économiserez de l'énergie et accélérerez votre carrière."

Chapitre 4 SOMMETS

Se fixer un objectif de carrière est simple. Trouvez-le Ou les sommets de votre domaine et visez-les. Si vous êtes dans les finances en Entreprise, visez au moins la position de CFO Groupe, si votre métier pointe vers celui de CEO alors visez ce poste.

Si cet objectif paraît démesuré alors c'est le bon, et ce que je vais vous dire va finir par vous rassurer. Observez que quelle que soit votre position dans un groupe, il y a en moyenne moins de 6 positions entre vous et le sommet.

En 5 ans, n'importe qui peut atteindre le titre d'expert mondial dans n'importe quel domaine auquel il se consacre. Imaginez donc ce que vous pourriez faire en 10 ou 15 ans si votre objectif est clair !

Vous n'êtes pas un sous-Professionnel, seulement un qui s'autocensure. Les sommets vous attendent ! Arrêtez de faire le pied de grue dans la vallée ! Le mont Nimba ou le mont Everest, qu'importe, visez les sommets.

"Ne vous autocensurez pas ! Les sommets vous attendent !"

Chapitre 5 ALERTE ASTÉROÏDE

L'univers aussi a ses foules : les astéroïdes, de gros cailloux qui n'ont jamais pu devenir des planètes. Aux alentours de Neptune, on les trouve en grand nombre. Ils forment la ceinture d'astéroïdes. Ils s'entrechoquent violemment, ne tiennent jamais en place. Chacun aurait pu avoir un destin différent mais ils ont manqué un tournant important de leur développement.

Tels ces employés qui passent de bureaux en bureaux à colporter les ragots, toujours amis du nouveau, qui veulent tout savoir de votre vie privée, qui savent qui n'aime pas qui, toujours fourrés chez le Boss mais le critiquent une fois le dos tourné. Ils crachent en permanence dans la soupe. De temps à autre, l'un d'eux arrive à obtenir une promotion usurpée mais alors, il devient une étoile filante qu'on ne peut apercevoir que dans la nuit de sa propre paresse car il n'aime pas bosser.

Méfiez-vous en ! Car ils ont détruit bien des carrières par la médisance comme leur homologue (l'astéroïde,) a éteint la vie sur terre du temps des dinosaures. Ne leur confiez rien de personnel. Ne vous affichez pas avec eux mais utilisez les pour savoir ce qui se passe dans votre univers et par-dessus tout ne vous les mettez pas à dos car ils savent nuire. Et vous-même ne soyez pas un astéroïde !

"Méfiez-vous en ! Car ils ont éteint bien des carrières par la médisance comme leur homologue, l'astéroïde, a éteint la vie sur terre du temps des dinosaures."

Chapitre 6 LES COURAGES

L'hésitation de l'éléphanteau effrayé par l'inconnu, nous rappelle qu'il existe 4 types de courage dans la vie :

Le courage de commencer,
Le courage de continuer,
Le courage de finir
Le courage de laisser tomber.

Ce dernier courage peut paraître en contradiction avec les milliers de leçons de motivation qui vous disent : « N'abandonnez pas ! ».

Je vous dis « Laissez tomber ! ». Il y a des clients et des jobs qui n'en valent pas la peine. Lorsque j'ai laissé tomber mon job de Directeur Général, c'est parce que sous un pont de Bangkok, j'ai réalisé ne plus partager ni la vision ni les valeurs de mon PCA et actionnaire majoritaire.

Pour savoir quand laisser tomber, demandez-vous si votre situation actuelle vous éloigne de vous, pas pour devenir meilleur mais pour devenir vide. Soyez courageux ! Soyez-vous !

"Pour savoir quand laisser tomber, évaluez si la situation actuelle vous éloigne de vos valeurs, pas pour devenir meilleur mais pour devenir vide."

Chapitre 7 VOTRE PROPRE REPAS

Il existe deux types de collègues : ceux qui apportent leur déjeuner et ceux qui se fient à la cantine. Les premiers sont généralement plus heureux car ils ne seront pas trahis par le menu du jour. Les autres (dont moi !) prennent un risque.

Il en est ainsi de l'énergie : il y a ceux qui en rapportent de chez eux et ceux qui espèrent en trouver sur le lieu de travail. Les premiers sont généralement plus épanouis que les seconds.

Espérer trouver de l'énergie sur le lieu de travail est aléatoire et risqué car à la différence de la bouffe, il n'y a pas de cantine à énergie. Au contraire, vous partagez celle rapportée par vos collègues. Et s'il n'y en a pas assez ou si elle est de mauvaise qualité, tant pis pour vous.

Ramenez votre propre énergie depuis la maison : puisez la dans le sourire d'un proche, le câlin d'un bout-de-chou ou encore le doux rêve de la réussite. Si rien ne marche, regardez un bon comique sur YouTube.

Soyez de ceux qui rapportent de la bonne énergie, pas de ceux qui épuisent les autres en pompant la leur.

"Ramenez toujours votre propre énergie depuis la maison"

Chapitre 8 LE BRUIT DU SILENCE

Le bruit de vos silences parle plus que le son de vos cris. Le langage corporel, voici la clé d'une communication réussie. Plus de 80% de notre communication est véhiculé par notre corps.

Quand j'étais enfant, je savais dompter n'importe quel chien. Je regardais si oui ou non ils montraient les crocs, si les poils de son dos étaient hérissés ou encore si la queue s'agitait ou pas. Ce que mes amis voyaient comme du courage n'était rien d'autre que la lecture du langage corporel. Avec le temps (et beaucoup de lectures appropriées) j'ai appris à décrypter les micro-expressions chez les humains : les sourires forcés qui ne plissent pas les paupières, les absences de l'interlocuteur ou le mécontentement du client.

J'ai aussi appris à parler volontairement avec mon corps pour amplifier mes mots ou désarmer une situation conflictuelle.

Le maitre dans ce domaine reste le Roi de la Pop, Michael Jackson, qui commençait ses concerts en restant juste immobile : électrisant les stades et créant une connexion entre le public et lui ! Il a porté le langage corporel à des sommets rarement atteints. Apprenez le langage des corps!

"Le langage corporel, voici la clé d'une communication réussie."

Chapitre 9 ECOUTEZ !

Il existe deux types de personnes : Celles qui écoutent et celles qui n'écoutent pas. En réalité, il s'agit plutôt de deux états entre lesquels nous oscillons en permanence en fonction du niveau de stress et de confort que nous percevons par rapport à une situation.

L'écoute s'apprend. Elle n'est pas une aptitude naturelle (sinon les parents n'auraient pas tant de mal à se faire obéir). Écouter ne signifie pas simplement entendre mais être SINCEREMENT ATTENTIF à ce qui est dit EN ACCEPTANT LE RISQUE QUE CELA NOUS TRANSFORME.

La peur d'être changé est le plus grand frein à l'écoute. Pendant longtemps, je n'ai pas écouté les critiques de mes coéquipiers de basketball car j'avais pour préjugé qu'il était trop tard pour changer ma façon de jouer. Lorsque je me suis souvenu que changer est possible à tout âge, j'ai pu les écouter (partiellement) et mes statistiques se sont grandement améliorées au point d'avoir une place de titulaire confirmé.

Celui qui accepte d'écouter fait des bonds dans son développement sans passer par la Case « erreurs stupides »

"Apprenez à écouter aujourd'hui et acceptez le risque de changer !"

Chapitre 10 GRAND THÉÂTRE DU BUSINESS

Un ancien Chef du Personnel de la Maison Blanche a écrit « Ne croyez pas que toutes ces attentions sont pour vous. Elles sont uniquement pour votre titre et à cause du job que vous occupez, si vous ne le croyez pas demandez à votre prédécesseur combien d'invitations a-t-il reçues la semaine dernière ? ».

Ne confondez pas la révérence qui vous est faite à cause de votre titre et votre personne. J'ai vu des professionnels glisser tout doucement dans l'ivresse de leur titre. Ils se considéraient comme des super-hommes car on les appelait Directeur Général, Chief, Manager ou Boss.

Ne perdez jamais de vue que nous jouons un rôle dans une pièce dont nous avons réussi le casting. Il ne viendrait pas à l'idée de celui qui a joué le rôle de Superman, de se jeter du haut d'un immeuble dans la vraie vie. Malheureusement, c'est pourtant ce que l'orgueil fait faire à celui qui ne sait pas faire la part des choses.

Jouez votre rôle à merveille. Donnez satisfaction à l'impresario, au metteur en scène, au public. Faites gagner de l'argent à la production, encaissez votre chèque et vivez une vraie vie simple. Clap !

"Ne confondez pas la révérence qui vous est faite à cause de votre titre et votre personne."

Chapitre 11 LE CARNET DES COMPÉTENCES

La plus grande qualité du vivant est sa capacité unique à faire des copies. Notre ADN utilise ce procédé pour créer tout ce qui existe. Souvenez-vous que votre enfance fut jalonnée de tous ces héros ou modèles auxquels vous souhaitiez ressembler.

Cette capacité est involontaire et contrôle notre vie y compris professionnelle : vous copiez en permanence. Tout ce qu'il vous faut à présent pour passer au niveau supérieur, c'est de trouver un ou des exemples à admirer.

Si vous ne trouvez pas tout en une personne alors copiez ce qu'il y a d'inspirant dans chacune des personnes que vous rencontrez : tenez un bloc note des qualités (au lieu de râler sur les défauts).

Copiez volontairement et sans honte. Au besoin, interrogez ces personnes pour connaître leurs secrets. Cela vous fera progresser plus vite que vous ne l'imaginez.

"Copiez volontairement et sans honte."

Chapitre 12 LEO PANTHERA

Le pire des leaders que la savane connaisse est le leo panthera, connu sous le nom commun de lion. Il a réussi à se hisser au sommet de la hiérarchie en utilisant la violence et la terreur pour masquer sa paresse. Il ne bâtit pas de groupes mais s'empare par la force de ceux des autres. Une fois à la tête, il s'applique à tuer les lionceaux de celui qu'il a battu afin de pouvoir se reproduire. Il ne pense qu'à lui. Lorsque les lionnes reviennent de la chasse, il se taille la plus grande part : « la part du lion »

J'indexe tous ces lions qui peuplent nos entreprises : ils utilisent uniquement le leadership d'autorité, tuent tous les projets qu'ils n'ont pas initiés, s'attribuent les lauriers pour des jobs qu'ils n'ont pas faits, s'occupent plus de politique que de business.

Voici la suite de l'histoire, tôt ou tard, le lion finit par être vieux et faible. Il se fait alors détrôner et vu qu'il n'a jamais vraiment chassé, il finit par mourir de faim !

Soyez un professionnel éclairé qui comprend qu'une équipe qu'on bâtit vaut mieux que celle qu'on usurpe ; qu'une idée peut être bonne même si nous n'en sommes pas à l'origine, qu'il faut partager les lauriers, et ne jamais cesser de mettre la main à la pâte en dirigeant par l'exemple.

"Souvenez-vous qu'une équipe que l'on bâti vaut toujours mieux que celle qu'on usurpe."

Chapitre 13 LE SANDWICH

Bob était employé sur un chantier de construction. À l'heure du déjeuner, il sortait son fameux sandwich au fromage saucisson et commençait à se plaindre car il détestait le fromage. Après s'être livré à ce rituel de complainte pendant plus d'une semaine, un de ses collègues lui dit « mais si tu détestes tant le fromage, pourquoi ne demandes-tu pas à ton épouse de ne pas en mettre ? ». Bob le regarda et lui répondit «Qui t'a dit que j'étais marié ? Je fais moi-même mes sandwichs.»

Combien sommes-nous de Bob au bureau ? Nous créons tous les jours les conditions dont nous nous plaignons. N'avez-vous jamais réalisé que vous aviez la possibilité de changer ce qui ne marche pas ?

Les Bob préfèrent se plaindre, cracher dans la soupe au lieu de changer la composition de leur propre soupe. Il y a des Bob dans toutes les entreprises, si vous n'arrivez pas à trouver celui de votre entreprise, il se peut bien que ce soit vous !

Arrêtez de vous plaindre, agissez pour changer les choses ! Si vous n'y arrivez pas à cause des autres (selon vous), alors mettez à jour votre CV et votre profil LinkedIn !

"Nous créons tous les jours les conditions dont nous nous plaignons."

Chapitre 14 LE LOUP ET LA MEUTE

J'ai eu récemment un échange avec un professionnel qui a perdu sa courtoisie. J'ai souhaité l'avis d'un collègue pour revoir mon projet de réponse vu le contexte émotionnellement tendu. Malgré mes efforts, mon projet d'email présentait des traces de réactions agressives qui auraient sans nul doute empiré la situation. J'ai été bien heureux de savoir qu'un regard extérieur est souvent le seul moyen de détecter l'influence de nos émotions dans nos comportements professionnels.

Vos collègues qui ne sont pas impliqués dans la situation peuvent être d'excellents supports pour vous aider à gérer vos émotions à l'écrit. Cela m'a évité d'aboyer mais plutôt de m'asseoir confortablement dans la caravane qui passe.

Tel un loup, j'ai trouvé mon salut dans la force de ma meute que représentent mes collègues. « Car la force du loup est dans la meute et la force de la meute est dans le loup. » — Le livre de la Jungle.

"Vos collègues qui ne sont pas impliqués dans la situation peuvent être d'excellents supports pour vous aider à gérer vos émotions."

Chapitre 15 HYPER COMPÉTENCES

Les sportifs professionnels sont de deux ordres : les compétents et les stars. Ces derniers ne sont pas justes compétents mais ils sont un cran au-dessus des compétents : ils sont hyper-compétents.

Ils atteignent ce stade grâce à un trait de caractère spécifique. Une insatisfaction permanente qui les pousse à quotidiennement apprendre, à se surpasser Et à repousser leurs limites pour se retrouver à la tête sans même s'en rendre compte.

Et si vous deveniez hyper-compétent ? Déjà commencez par cesser de vous satisfaire de ce que vous avez ou savez. Allez chercher l'extra-information ou la dernière formation à jour. Lisez, bûchez, entraînez-vous sans relâche tous les jours. Oubliez vos titres, votre position : retroussez-vous les manches!

Le monde a besoin de personnes hyper-compétentes pour inspirer les autres et tracer de nouveaux sillons, voire réinventer les métiers.

"Allez chercher l'extra-information ou la dernière formation à jour. Lisez, bûchez, entraînez-vous sans relâche tous les jours. Oubliez vos titres, votre position : retroussez-vous les manches !"

Chapitre 16 FAIRE ALLÉGEANCE

Un genou à terre devant le maître des lieux : voici l'acte d'allégeance ! La reconnaissance non ambiguë du nouveau pouvoir par votre soumission volontaire et explicite. Lors de mes coachings, je consacre un temps substantiel à « l'art de faire allégeance ». Le professionnel qui maîtrise cet art se trace une route vers ses promotions futures.

Vous devez faire allégeance à votre boss(e) ; il doit savoir que vous acceptez son autorité et que vous mettez votre épée au service de sa cause, que vous l'acceptez comme guide et soutien comme Christine Lagarde l'écrivait à Nicolas Sarkozy :

« Je suis à tes côtés pour te servir et servir des projets pour la France... si tu m'utilises, j'ai besoin de toi comme guide et comme soutien. ». Il la nomma ministre de l'économie puis Directeur Général du FMI et aujourd'hui, elle est la patronne de la Banque Centrale Européenne, la femme la plus influente au monde.

Ne vous battez pas contre l'autorité de votre supérieur hiérarchique. Donnez vos avis et souvent maintenez vos positions tant que cela ne s'interprète pas comme une contestation de l'autorité.

Sachez reconnaitre la limite entre les échanges constructifs et la rébellion contre l'autorité. Une rébellion contre l'autorité ne se justifie qu'en cas d'ordre manifestement illégal.

"Ne vous battez pas contre l'autorité de votre supérieur (e) hiérarchique."

Chapitre 17 VISIBILITÉ

Le plus difficile pour un professionnel est de pouvoir se rendre visible. Beaucoup considèrent déplacé ou inapproprié de faire savoir ce qu'ils veulent. Ils estiment que leur supérieur devrait le savoir de lui-même. Bien entendu, les bonnes performances sont remarquables mais ce qui l'est moins, ce sont vos aspirations. Si vous n'exprimez pas vos aspirations, personne, pas même votre supérieur, ne saurait les deviner.

Ne vous en prenez donc qu'à vous-même si les occasions vous passent sous le nez.

Le monde de l'entreprise est plein d'opportunités pour celui qui sait ce qu'il veut. Nos désirs nous rendent meilleurs lorsqu'ils sont exprimés mais ils nous rongent quand ils sont brimés. Exprimez-vous sur votre futur ! Parlez-en intelligemment à votre supérieur hiérarchique.

"Si vous n'exprimez pas vos aspirations, personne, pas même votre supérieur, ne saurait les deviner."

Chapitre 18 QUATRE LEÇONS DE VACANCES

Ces vacances je me suis attaqué à tout ce qui était hauteur (montagne russe, escalade en salle, toboggan géant avec chute libre de plus de 70m, la tour zombie) et j'en ai tiré 4 rappels :

1) Prendre son temps pour arriver au top. Un pas après l'autre sans vouloir impressionner personne. Seul votre objectif doit vous motiver même si vous paraissez ridicule en chemin.

2) On a un meilleur équilibre lorsqu'on utilise les deux pieds comme support. Ceci pour signifier que seul un engagement total garantit le succès. Être partagé est plus difficile à tenir qu'on ne le pense.

3) Quelles que soient les assurances que vous aurez prises, vous ressentirez une angoisse quand il s'agira de vous lancer dans le vide pour atteindre votre étape finale. Surmontez-la !

4) Rien ne vaut l'action.

Et n'ayez pas honte d'avoir eu peur pourvu que vous surmontiez votre peur. Soyez courageux intelligemment.

"Et n'ayez pas honte d'avoir eu peur pourvu que vous surmontiez votre peur. Soyez courageux intelligemment."

Chapitre 19 LE POINT DE FUSION

Au commencement tout n'était qu'un (selon la théorie du Big Bang). Tout était réuni en un point extrêmement chaud et incroyablement condensé.

Puis, il y a eu le Big Bang et tout s'est séparé en tout ce que nous connaissons aujourd'hui. Cependant, de temps à autre, tout redevient un lorsque nous arrivons à les faire vibrer ensemble tels l'eau, la lumière, le vent et le son de la fontaine du Burj Khalifa.

Appliquez-vous à trouver la clé de l'harmonie dans votre leadership et votre entreprise.

Devenez le maestro qui ne domine pas les autres mais les met en valeur, les uns par rapport aux autres. Chacun dans son registre. Soyez le maître de l'harmonie. Faites danser les éléments.

"Soyez le maître de l'harmonie. Faites danser les éléments."

Chapitre 20 ET POURQUOI PAS LE DEEP LEARNING ?

On entend parler d'intelligence artificielle, qui grâce au Deep Learning a fait un bond en avant. (Si vous êtes déjà perdu alors mettez-vous vite à jour). En gros, pendant longtemps, l'on essayait d'apprendre des trucs à l'ordinateur comme à un adulte et ça ne marchait pas trop.

Avec le Deep Learning, on a appris à l'ordinateur comme on aurait fait pour un enfant : pas de concept mais des millions d'exemples d'un objet et en les divisant jusqu'au plus petit pixel et bingo, il finit par savoir à quoi ça ressemble et à le reconnaître tout seul. Où veux-je en venir ?

Peut-être qu'on devrait nous aussi procéder par Deep Learning : fournir à notre esprit de nombreux exemples de succès ou d'échecs afin qu'on puisse les reconnaître. C'est ce que font de nombreux P-DG qui lisent de nombreux livres par an. Et vous, combien de livres lisez-vous ?

Lorsque vous (re) commencerez à lire intensément, vous créerez une intelligence artificielle dans votre cerveau actuel. Vous serez plus performants et certainement moins ennuyeux durant les cocktails ou les rencontres professionnelles. Une seule vie est trop courte pour tout expérimenter soi-même. La lecture est un accélérateur d'expérience. Lisez, c'est urgent !

" Une seule vie est trop courte pour tout expérimenter soi-même ... Lisez ! c'est urgent."

Chapitre 21 UNACORDA, SOURDINE OU FORTE

Les pianos disposent de trois pédales qui servent à gérer l'intensité des notes qui sont jouées. La « una corda » ou pédale douce permet l'atténuation des sons, la pédale forte au contraire les accentue et entre les deux, il y a la sourdine qui permet d'étouffer les sons (pour ne pas déranger l'entourage).

Si la vie est une partition de musique, les émotions en sont les notes. Et l'intelligence émotionnelle c'est savoir jouer des trois pédales. Car si nous laissons s'exprimer nos émotions à n'importe quel moment et selon n'importe quelle intensité, nous détruirons l'harmonie de nos relations humaines et business.

Savoir jouer de vos émotions en les ajustant à ceux des autres et aux exigences de l'environnement, c'est être un virtuose.

Cela vous permet de mieux vendre vos idées (négocier des contrats, décider intelligemment, inspirer les autres) et gérer les fausses notes de la vie (conflits et stress). Bien entendu, cela requiert de l'apprentissage et les bons outils, mais le résultat en vaut toujours la peine pour réussir dans n'importe quel domaine.

"Si vous laissez s'exprimer vos émotions à n'importe quel moment et selon n'importe quelle intensité, vous détruirez l'harmonie de vos relations humaines et business."

Chapitre 22 LES QUATRE FANTASTIQUES

Tous les phénomènes de l'univers sont régis par quatre forces fondamentales :

L'interaction forte,
La force électromagnétique,
L'interaction faible,
La force gravitationnelle.

Le casse-tête des physiciens est de trouver la théorie unifiée qui arriverait à expliquer toutes ces forces. Car elles n'étaient qu'une seule et même force avant le Big Bang.

N'est-ce pas aussi le casse-tête de chacun d'entre nous ? Comment unifier nos valeurs (interaction forte), nos liens sociaux (électromagnétisme), nos besoins en biens matériels (interaction faible) et notre impact sur le monde (la force gravitationnelle).

En attendant d'avoir la formule ultime, il faut savoir qu'une bonne décision est celle qui établit un équilibre entre ces 4 forces qui dirigent nos existences.

"En attendant d'avoir la formule ultime, il faut savoir qu'une bonne décision est celle qui établit un équilibre entre ces 4 forces qui dirigent nos existences."

Chapitre 23 LE SOMMET DE L'HIMALAYA

J'ai le privilège que les gens pensent à moi dans leur moment de stress. Avant une interview, une présentation ou encore une opération chirurgicale. Ces personnes m'envoient un texto toujours simple disant « j'ai peur », « je suis stressé ». Après avoir lu ma réponse, elles éclatent de rire et oublient leur stress.

Cette réponse, je la puise dans les mots du plus grand de sa génération, le sommet des sommets, le sommet de l'Himalaya. Il a dit dans une de ses chansons que « Celui qui n'a pas peur n'a pas le courage. » —- Douk Saga de la sagacité, artiste ivoirien, concepteur du coupé décalé.

Si quelqu'un vous dit qu'il a peur, n'essayez pas de lui dire que tout ira bien ou encore que ça ne sert à rien d'avoir peur. Dites-lui que sa peur est à la hauteur de son courage et que la peur est sa meilleure amie dans ce moment précis. Elle est une alliée plus fidèle que nous tous car elle reste à ses côtés pour lui rappeler combien de fois elle a du courage. N'ayez pas peur d'avoir peur ! Car « Celui qui n'a pas peur n'a pas le courage. »

"Dites-lui que sa peur est à la hauteur de son courage et que la peur est sa meilleure amie dans ce moment précis."

Chapitre 24 LES CRABES FARCIS

La pince du crabe violoniste sert à sa défense mais aussi à séduire les femelles. Certains ont développé une stratégie d'effet de contraste pour leurrer sur la taille de leur pince.

Comme vous et les crabes le savez, un objet paraît toujours plus grand lorsqu'il est entouré de plus petits objets. Ces mâles s'entourent donc de mâles avec de plus petites pinces que la leur. Pour ce faire, ils tolèrent que ceux-ci s'installent à côté de leur trou ; ils les défendent même au besoin. Ensuite, ils chassent systématiquement les mâles avec des pinces trop grandes et qui leur feraient de l'ombre.

Qui a une fois eu affaire à ces crabes violonistes qui torpillent systématiquement tout collègue qui pourrait leur faire de l'ombre et créent les conditions pour que seuls les moins compétents avancent ? Ils jouent leur propre jeu de carrière et qu'importe si le business se casse la figure. On les reconnaît à leur tendance à exhiber leur pince et à ne jamais avoir de successeur crédible. Ils pourraient pourtant s'améliorer en s'entourant de challengeurs. D'un autre côté, méfiez-vous du trop grand confort qu'on vous crée ; vous pourriez n'être juste qu'un leurre, un faire-valoir.

"Méfiez-vous du trop grand confort, vous pourriez n'être juste qu'un leurre, un faire-valoir"

Chapitre 25 LA FORMULE DU SUCCÈS

Le succès obéit à une formule célèbre qui a transformé le monde.

Pour réussir, il faut mettre de l'énergie dans ce que vous faites. Et cette énergie, vous la trouvez dans votre corps au sens propre. C'est en y mettant de la sueur, des méninges et des insomnies que vous libérez l'énergie dans votre activité. Votre masse doit y passer.

Mais au-delà de l'effort, il y a une constante indispensable : la lumière, la vision. Laissez-vous éblouir : sans vision lumineuse, pas de succès durable.

En résumé, la quantité d'Energie que vous libérerez sera égale à la Masse de sueurs que vous multiplierez par l'Intensité de lumière de votre vision.

E(énergie)= M(masse) x C (la vitesse de la lumière) au carré.

$E = MC^2$

"Laissez-vous éblouir : sans vision lumineuse pas de succès durable."

Chapitre 26 LES AILES DE L'EAU

Le collecteur de rosée sait que l'eau a des ailes et qu'elle est inexorablement attirée vers la terre qu'elle est destinée à arroser. Certains disent que ces ailes sont inutiles si elles ne peuvent l'aider à échapper à son destin !

Le collecteur de rosée sait que la vie a donné des ailes à l'eau, non pour qu'elle échappe à son destin, mais plutôt pour qu'elle en retrouve le chemin !

La nuit, l'eau déploie ses ailes pour marcher sur la prairie sous forme de brume, le jour elle saute des montagnes sous forme de cascade...et si la terre est trop aride, l'eau s'envole sous forme de vapeur pour rejoindre les cieux et retomber tel un aigle sous forme de pluie sur la terre de sa destinée.

Le collecteur de rosée sait qu'il devrait imiter l'eau et sans cesse déployer ses propres ailes pour surmonter chaque obstacle de la vie et marcher vers son destin ...il y croit car, il sait que son destin aussi marche vers lui en déployant ses ailes.

"Le collecteur de rosée sait qu'il devrait imiter l'eau et sans cesse déployer ses propres ailes pour surmonter chaque obstacle de la vie et marcher vers son destin."

Chapitre 27 L'AUBE

La rosée se pose après l'heure la plus sombre de la nuit.

Mais le collecteur de rosée sait que l'obscurité n'existe pas et que l'obscurité n'est qu'une simple absence de lumière. Il sait attendre et distinguer les plus faibles lueurs dans le noir.

Il est persévérant. Conscient que chaque goutte de rosée récoltée le rendra heureux, il se nourrit d'espoir et attend patiemment l'aube.

Car il sait que lorsque l'aube viendra... les choses s'arrangeront.

L'espoir produit la patience et c'est après l'épreuve que l'on récolte les gouttelettes du succès.

Même si pour le moment, l'obscurité semble vous envahir et vous empêcher de voir l'avenir, gardez espoir, la lumière reviendra et elle n'en sera que plus éclatante.

"L'espoir produit la patience et c'est après les épreuves que l'on récolte les gouttelettes du succès."

Chapitre 28 TROUVEZ NEPTUNE

« Deux corps ponctuels de masses respectives s'attirent avec des forces de mêmes valeurs (mais vectoriellement opposées), proportionnelles au produit des deux masses, et inversement proportionnelles au carré de la distance qui les sépare.

Cette force a pour direction la droite passant par les centres de gravité de ces deux corps.» C'est la formule de l'attraction universelle de Newton. Elle permet d'expliquer de la chute de votre crayon au comportement des planètes, en passant par l'extension de l'univers.

Une fois, alors qu'ils observaient Uranus, les scientifiques notèrent qu'elle déviait de la trajectoire prédite par cette loi. Au lieu de conclure qu'Uranus était le problème ... ils déduisirent qu'une planète massive était cachée dans ses environs : Eurêka ! Ils trouvèrent Neptune.

Lorsque les choses ne marchent pas dans votre carrière ou dans votre entreprise, ne vous blâmez pas ni même les autres : demandez-vous ce qui vous attire et vous fait dévier de votre trajectoire. Car la loi du succès professionnel est aussi universelle que celle de l'attraction. Trouvez la Neptune qui vous influence, faites un bilan professionnel/business pour comprendre la cause cachée.

"Car la loi du succès professionnel est aussi universelle que celle de l'attraction."

Chapitre 29 DITES MERCI À LA LUNE

À force de la voir, personne n'y prête plus vraiment attention : la Lune. Elle n'est pas toujours spectaculaire mais elle est au poste. Elle fait son job. Elle montre toujours la même face. Une année lunaire est égale à un jour lunaire. Elle est harmonieuse. Elle gère les marées, le climat et les séismes et elle stabilise l'orbite terrestre.

Elle ressemble tant à ces nombreux collaborateurs qui font leur job, ne se plaignent jamais, aident le climat social, supportent les tsunamis du changement sans bruit. Ils ne sont pas des étoiles mais ils sont dédiés et fidèles. N'attendez pas qu'ils deviennent rouges de colère pour les remarquer.

Osez-vous intéresser à leur face cachée (challenges professionnels comme personnels). Ces collaborateurs-lune sont vos meilleurs atouts pour stabiliser votre entreprise ou votre département. Ils sont fiables.

Saviez-vous que le nom systémique de la lune c'est Terre 1 ? Et bien ces collaborateurs aussi portent votre nom et celui de votre entreprise. Arrêtez de les ignorer dès qu'une étoile apparaît dans votre ciel. Célébrez la fidélité de vos lunes car sans la lune, la vie n'aurait pas été possible sur terre !

"Célébrez vos collaborateurs !"

Chapitre 30 CARTON

Si vous avez oublié ce que c'est que de prendre des décisions alors regardez la coupe du monde football. L'art de l'arbitrage ou du management en situation réelle : une seconde pour décider, accepter les contestations mais aller de l'avant. Du courage, de la collaboration et de l'autorité. Et surtout le sens du devoir.

Et si nous étions comme ces arbitres en acceptant que rien n'est parfait, qu'on peut se tromper et être jugé mais que rien de cela ne devrait nous arrêter.

Imaginez combien seraient excitants nos métiers respectifs et surtout combien nos entreprises seraient réactives. Décidez et assumez !

"Décidez et assumez ! "

Chapitre 31 ASYMÉTRIE

Tracez une ligne au milieu de votre visage et vous obtenez une symétrie quasi parfaite entre le côté gauche et le côté droit. Cette symétrie est associée à une certaine idée de la beauté et de la normalité. Qu'arrive-t-il si vous brisez cette symétrie, si vous devenez asymétrique ? Vous remettez tout en cause et vous obligez le monde à se réinventer. Sur le plan militaire, les guerres asymétriques ont mis à mal des milliers d'années d'art de la guerre. Les réseaux sociaux créent des espaces asymétriques qui challengent les techniques classiques de communication de masses.

Et si vous pensiez à devenir un professionnel asymétrique : Financier/Philosophe ou Juriste/Mathématicien ? CEO/musicien ?

Nous sommes entrés dans une ère de l'asymétrie. Redéfinissez votre visage et n'ayez plus honte de vos saines passions. Offrez au monde votre asymétrie.

Une fois libérée, elle nourrira votre créativité pour vous faire devenir meilleur professionnellement. L'une des plus belles asymétries que j'ai vues c'est la notaire-décoratrice d'intérieur. Il est temps d'exister simultanément humainement et professionnellement.

"Redéfinissez votre visage et n'ayez plus honte de vos saines passions."

Chapitre 32 LE DOUTE

Pour créer sa célèbre philosophie du Cogito, Descartes décide de volontairement mettre en doute toutes ses connaissances et opinions. Or pour douter, il faut penser. Donc, si je doute, je pense, et si je pense, je suis. Il l'appela le doute méthodique.

Trop de professionnel(le)s sont rempli(e)s de certitudes et d'opinions. Ils ont peur de douter de celles-ci au risque de se découvrir eux-mêmes.

Au contraire, celui ou celle qui pratique le doute méthodique est seul(e) capable d'évoluer et d'innover car il comprend que les vérités d'hier peuvent ne pas être celles de demain. Et le seul moyen pour en avoir le cœur net, c'est de les remettre en cause périodiquement.

Vous comprenez que la philosophie n'est pas seulement du verbiage mais qu'elle contient des outils pour vous réinventer et pour innover. Pratiquez le doute méthodique.

« Celui ou celle qui pratique le doute méthodique est seul(e) capable d'évoluer. »

Chapitre 33 LE PLUS IMPORTANT DES SOFT SKILLS

Quelqu'un m'a posé la question de savoir quel est le "softs skill" le plus important. En mon sens, le plus important des soft skills est "le soft". Ce calme et ce savoir-être qui peuvent, à première vue, paraître de la faiblesse à ceux pour qui les choses ne sont que "gagnant" ou "perdant".

Si vous attachez du "soft" à tout ce que vous faites, alors comme l'eau, vous apprendrez qu'il faut polir la pierre pour la faire plier. Vous accepterez les contraintes du terrain pour choisir votre chemin. Vous saurez avoir des ailes pour marcher sur les vallées comme la brume et atteindre le ciel telle une vapeur ; pour ensuite retomber et inonder le grand nombre et ainsi être capable de maitriser la foudre.

Le leader ultime n'est pas le lion mais la pluie qui fertilise tout, fait croître des forêts, nourrit les êtres vivants sans distinction et qui sait terrifier quand il le faut avec ses tonnerres.

Soyez soft !

"Si vous attachez du "soft" à tout ce que vous faites, alors comme l'eau, vous apprendrez qu'il faut polir la pierre pour la faire plier."

Chapitre 34 LETTRE OUVERTE À MADAME LA VIE

Chère madame la Vie,

Vous nous réservez des surprises et nous mettez constamment au défi. Vous nous frappez souvent si fort que nous envisageons de rester couchés. Mais il nous faut faire face, nous relever encore et encore, esquiver vos coups, si possible, les encaisser si nécessaire ; quelle que soit la situation, continuez d'avancer.

Nous avons fini par comprendre que vous n'êtes ni dure, ni méchante, vous êtes simplement exigeante. Vous ne vous laissez dompter que par les humbles et les endurants mais, vous remettez toujours à leur place les orgueilleux et les imposteurs. Vous avez toujours un coup d'avance. Notre mission sur cette terre est de vous comprendre pour que dans notre sillage, des dizaines, des centaines, des millions voire des milliards d'êtres humains aient un parcours un peu plus facile.

Ce matin nous avons l'âme de héros et héroïnes, celle de soldats qui partent rendre ce monde meilleur qu'il ne l'était hier et le préparer un peu mieux aux défis de demain. Que nous soyons au bas ou au sommet de l'échelle, sachez madame, que nous ferons de notre mieux. Et qu'importe si nous ne réussissons pas aujourd'hui, demain nous recommencerons car c'est ce que font les héros et les héroïnes : ils n'abandonnent pas tant que vous êtes à leur côté. Et sachez qu'on vous aime malgré tout et pour tout.

Très respectueusement, avec toute notre gratitude !

"Nous n'abandonnerons pas."

Chapitre 35 LE MULTIVERS

Selon la théorie de l'inflation d'Alan Guth, complétée par Andreï Linde, le multivers est composé de multiples univers qui coexistent, chacun issu de son propre Big Bang. Ces multivers peuvent avoir des lois physiques différentes. Cette théorie vise à expliquer des phénomènes physiques en apparence inconciliables.

Dans le monde professionnel, il existe une circonstance particulière où le multivers se révèle : Les réunions. Chaque réunion est un multivers. Chacun y vient avec ses attentes, ses craintes et ses non-dits. Lorsque vous ignorez cette réalité d'univers multiples alors naissent les conflits et les incompréhensions.

Le but d'une réunion n'est pas que de vaincre mais de pénétrer l'univers ou les univers en présence pour comprendre leur motivation propre. Soyez aussi conscient que vous êtes, vous-même, dans un univers différent. Si vous savez voyager entre les univers en présence alors vous pourrez obtenir ce que vous souhaitez.

Ne soyez pas conflictuel, ayez un esprit ouvert, n'écoutez pas pour répondre mais pour comprendre et apprendre. Ne parlez pas uniquement que le langage de votre univers mais partagez vos attentes dans la langue des univers en présence.

"Soyez conscient que chacun vit dans son propre univers."

Chapitre 36 L'IMPOSSIBLE EXISTE DÉJÀ

Nous avons tous, un jour, entendu ou lu que "Rien n'est impossible". Cette exhortation est juste mais pas pour les raisons floues que l'on s'imagine. Et l'aborder différemment nous aidera à nous rendre compte que finalement, il ne faut ni effort ni génie extraordinaire pour matérialiser ce qui était déclaré impossible.

Tout ce qu'il faut pour faire passer une chose de l'Impossible au Possible, c'est un changement de repère, un retour aux fondamentaux et un peu d'entêtement. Je pourrais citer de nombreuses histoires de choses déclarées impossibles et qui aujourd'hui font partie de notre quotidien sans que cela n'émeuve personne. Provoquons nos sens et nos croyances en commençant par une question :

Est-ce possible qu'un (1) jour soit plus long qu'une (1) année ? Sachant qu'une année est composée de 365 jours, la conclusion s'imposerait que la Partie ne peut-être plus grande que le Tout. Donc nous conclurons qu'il est impossible qu'un (1) jour dure plus longtemps qu'une (1) année.

Bien entendu, ce raisonnement est faux et ce que vous venez de déclarer comme "impossible" est non seulement "possible" mais mieux existe déjà.

Rappelez-vous que pour déjouer le piège de l'impossible, il faut commencer par retourner aux fondamentaux des notions que nous manipulons. Se poser des questions simples voir naïves : qu'est-ce qu'un jour ? Ce n'est pas 60 mn mais c'est la durée que met la terre pour faire un tour complet sur elle-même. Qu'est-ce qu'une année ? Ce n'est pas 365 jours mais le temps que met la terre à faire un tour complet autours du soleil.

Restez avec moi, nous allons y arriver et pas besoin d'être scientifique pour la comprendre. A partir des véritables définitions du Jour et de l'Année, nous nous rendons compte que ces deux mesures sont totalement indépendantes l'une de l'autre. Mais surtout on entrevoit l'impossible : si la terre tourne sur elle, plus lentement qu'elle ne tourne autour du soleil alors le jour sera plus long que l'année. Donc c'est théoriquement possible !

Vous irez au-delà de la théorie, si vous changez de repère pour vous retrouver sur la planète Venus, par exemple. Sur Venus, c'est une réalité. Cette planète tourne sur elle-même si lentement qu'elle fait le tour du soleil avant d'avoir fait un tour complet sur elle-même. En définitive, ce qu'on appelle impossible est dicté par le poids du notre rigidité d'esprit et de notre peur de l'entêtement.

Si vous savez appliquer mes trois (3) étapes de l'innovation (fondamentaux, changement de repère et entêtement), vous vous rendrez compte que les plus grandes opportunités se trouvent dans l'Impossible.

"Tout ce qu'il vous faut pour faire passer une chose de l'impossible au possible c'est un retour aux fondamentaux, un changement de repère et un peu d'entêtement."

Chapitre 37 LA TASSE
PROFESSIONNELLE

Le vieillard avait choisi un thé très précieux et rare pour honorer la visite de son honorable invité. Quand le thé fut prêt, le vieillard se mit à le verser tout doucement dans la tasse du P-DG. Ce dernier parlait toujours et le vieillard continuait de servir le thé jusqu'à ce que la tasse fût pleine. Mais comme le P-DG continuait de parler, le vieillard continuait de servir et la tasse déborda.

Alarmé à la vue du précieux breuvage qui se répandait sur la table, ruinant la cérémonie du thé, le P-DG s'écria : « Mais la tasse est pleine ! Elle n'en contiendra pas plus ! » Tranquillement, le vieillard lui répondit : « Vous êtes comme cette tasse, déjà plein de croyances et d'idées préconçues. Comment pourrais-je vous apprendre quoique ce soit ? Pour pouvoir apprendre, commencez par vider votre tasse ! ».

Celui qui ne se vide pas de ses croyances professionnelles se contentera d'observer le doigt quand on lui indiquera les sommets. Les plus profonds enseignements seront perdus tel le trop plein de thé ou au mieux, ils ne seront qu'une douce mélodie sans impact réel.

Quand vous plafonnez dans votre vie personnelle comme professionnelle, cela signifie que vous avez atteint les limites de vos croyances actuelles. Il faut vous vider de ces croyances pour en former de nouvelles, capables de vous porter au prochain niveau.

Comment faire me direz-vous ? Eh bien, exposez-vous aux personnes ou aux lectures qui ont passé votre cap. Celles qui sont passées de l'autre côté des difficultés que vous vivez. Mais approchez-les avec l'humilité de celui qui recherche de nouvelles inspirations pas l'orgueil du tout- sachant.

Il existe toujours un niveau de réalisation et de conscience au-dessus de celui où nous sommes, mais nous ne pouvons pas y accéder avec nos anciennes croyances. Videz-vous ! Renouvelez vos croyances !

"Qu'importe la délicatesse du thé, une tasse déjà pleine ne pourra pas le contenir."

Chapitre 38 VINGT SECONDES

Nous sommes en permanence exposés à des évènements "malheureux" qui nous contrarient, nous blessent ou nous découragent. Des évènements sur lesquels nous n'avons généralement pas d'emprise. La gravité de ces situations peut varier en intensité : se cogner l'orteil contre une chaise, la perte d'une vente ou encore l'échec à un entretien d'embauche. Nous passons automatiquement par les 5 phases d'une crise : Le refus, la colère, la dépression, le débat intérieur et l'acceptation.

Le refus, la colère et la dépression sont les phases que vous devez vite dépasser afin d'entamer "le débat intérieur" et aller vers "l'acceptation". Le débat intérieur consiste pour vous, a essayer de comprendre ce qui vient de vous arriver et le mettre en perspective. L'acceptation est le moment de vous remettre sur pied pour avancer.

La maturité consiste à passer de la phase 1 à la phase 5, le plus vite possible. Un des conseils les plus efficaces que j'ai lu sur le sujet que j'applique est le suivant : Quand, dans le monde professionnel, vous faite face à un évènement négatif ou malheureux, autorisez-vous vingt (20) secondes pour le refus, la colère et la déprime. Vingt secondes pour explorer la courbe descendante du deuil. Pas plus, car ces trois états ne sont pas constructifs.

J'ai rencontré des professionnels bloqués sur la colère pour une injustice qu'ils auraient subi. Leur carrière a pris ainsi fin car ils n'ont jamais pu avancer. Certains sont restés au niveau du refus tels ces collègues licenciés qui viennent constamment rendre visite, comme s'ils se refusaient à avancer. J'ai également vu des personnes sombrer dans la dépression et douter d'elles-mêmes pour une erreur passée.

La machine à remonter le temps n'a pas encore été inventée, il ne vous reste donc que l'option Avancer pour pouvoir vous en sortir. Rebondissez en 20 secondes, Relevez-vous mentalement !

"Comme la machine à remonter le temps n'a pas encore été inventée, il ne vous reste que l'option Avancer pour pouvoir vous en sortir."

Chapitre 39 L'IDÉAL

Le plus Important n'est pas de savoir où l'on va mais pourquoi l'on y va. C'est le pourquoi qui est votre vraie raison d'être et de faire. Nombreux sont ceux qui prennent des directions vers des destinations sans réellement savoir pourquoi. Ils suivent la foule. Or, sans idéal, la vie n'est qu'une sordide salle d'attente. En attendant la fin.

Pour celui ou celle qui a un idéal, réussir ou échouer n'a pas d'importance, seul poursuivre son idéal compte. Ce que le monde attend de vous, ce n'est ni richesses ni paroles, mais un idéal qui inspire les autres. Car les idéalistes tracent les chemins qu'empruntent les pragmatiques.

Avoir un idéal dans la vie est une denrée si rare de nos jours. Nous savons que rien de durable ni de vrai ne peut se bâtir sans idéal. Définissez votre idéal de vie et le reste suivra.

"Les idéalistes tracent les chemins qu'empruntent les pragmatiques"

Chapitre 40 LA GRANDE MURAILLE DE CHINE

Au cours d'une de nos marches matinales, je dis à mon fils que la muraille de Chine est visible de la lune à l'œil nu. Il me répond, le sourire en coin, que c'est physiquement impossible vu la largeur de l'édifice et il me rappelle notre échange sur la taille réelle des continents.

J'ouvre google.com pour le confondre et je me rends compte qu'il a raison. Je transportais une idée reçue qui serait née au XVIII siècle d'un antiquaire anglais William Stukeley ; ironie du sort, c'est dans les rues de Londres que je me rends compte de la supercherie.

Imaginez donc toutes ces idées reçues, non vérifiées, que nous prenons pour vraies. Il est temps de déconstruire nos supposé connaissances et de nous remettre en cause.

Le chemin du succès n'est pas l'autoroute qui mène vers l'extérieur mais plutôt le petit chemin rocailleux qui conduit dans le labyrinthe de nos croyances pour en démêler le vrai du faux.

> **"Le chemin du succès n'est pas l'autoroute qui mène vers l'extérieur mais plutôt le petit chemin rocailleux qui conduit dans le labyrinthe de nos croyances."**

Chapitre 41 L'ORFÈVRE

La vérité est comme le diamant, précieuse mais extrêmement dure. Lancer un diamant au visage de vos collègues ou de clients risquent fort de les blesser.

En Entreprise, il existe des « lapideurs » et des "orfèvres". Les « lapideurs » disent la vérité sans tenir compte des sentiments de leur cible. Ils se cachent derrière les phrases du genre "Moi, je suis cash" "Moi, je dis ce que je pense" "Moi, je ne mâche pas mes mots". À la fin, leurs vérités blessent. Ils perdent amitiés, clients et alliés. Ils auraient pourtant pu être des orfèvres en développant leur T.A.C. T® pour faire de la vérité, un bijou qui renforce les relations.

L'orfèvre fait 4 choses pour faire accepter la vérité sans blesser :

Temps : il détermine le bon moment pour parler !

Approprié : il choisit les mots avec soin. Le dictionnaire contient plus de cent mille mots ; avec un peu de bienveillance vous, trouverez le bon.

Contexte : il fait attention à l'environnement. Le regard des autres n'est pas à négliger.

Taire : Il maîtrise ses émotions et son langage corporel. En effet, il faut dire la vérité sans essayer d'y mêler vos émotions négatives. Êtes-vous orfèvre ou lapideur ?

"La vérité est un diamant brut et le tact c'est de la tailler en bijoux afin qu'elle soit reçue avec Enthousiasme".

Chapitre 42 LAISSEZ-LES RESPIRER

Le meurtre de Floyd est un drame qui rappelle violemment que l'inclusion et la diversité doivent être au cœur de nos valeurs en société comme en entreprise. Ce genou n'était pas uniquement sur le cou de Floyd mais sur celui de toute l'Humanité ; rappelant avec horreur les atrocités commises par les pires régimes que cette terre ait portés.

Il n'en est pas sorti que de la colère et de l'amertume mais aussi une leçon. Dans la rue aujourd'hui, les inconnus m'ont souri deux fois plus qu'avant, ils m'ont salué deux fois plus. Comme s'ils comprenaient que désormais, il ne suffirait plus de détourner le regard pour être correct mais qu'il était temps d'embrasser la diversité pour être complet. Floyd n'a pas seulement libéré la parole des Africains-Américains mais il fut peut-être la dramatique étincelle qui ralluma l'Humanité en beaucoup de nos contemporains.

A tous les professionnels qui ne l'ont pas encore compris, ôtez vos genoux de l'avancement professionnel de vos collaborateurs qui seraient différents de vous. Créez un environnement où le seul critère sera la performance. Embrasser l'inclusion et la diversité.

A Floyd, que la terre te soit légère bro !

"ôtez vos genoux de l'avancement professionnel de vos collaborateurs qui sont différents de vous"

www.ingramcontent.com/pod-product-compliance
Lightning Source LLC
Chambersburg PA
CBHW050312220526
45465CB00005B/1951